Spirituelle Lebensimpulse

Eugen Biser

Von der Würde des Menschen:

Gotteskindschaft

Patris Verlag • Vallendar

Bibliografische Information Der Deutschen Bibliothek
Die Deutsche Bibliothek verzeichnet diese Publikation in der Deutschen Nationalbibliografie; detaillierte bibliografische Daten sind im Internet über http://dnb.ddb.de abrufbar.

ISBN 978-3-87620-306-5
Umschlaggestaltung: Catalina Kirschner, Freiburg
Druck: Siebengebirgsdruck, Bad Honnef
Printed in Germany
www.patris-verlag.de

Inhalt

Vorwort 7

Ein Text von Friedrich Nietzsche 9

Drei Texte aus dem Neuen Testament 13

Von der Würde des Menschen: Gotteskindschaft 17

Autobiographisches von Eugen Biser 18

Zentral-Thema: Die Gotteskindschaft 20

Nietzsche: Die drei Verwandlungen 21

Gotteskindschaft bei Paulus 23

Gotteskindschaft im Licht von Ostern 26

Paulus als Missionar 29

Paulus als Theologe 33

Gotteskindschaft und die Nähe Gottes 33

Gotteskindschaft und die Einwohnung Gottes 35

Gotteskindschaft als beglückende Botschaft 39

Gotteskindschaft und die Würde des Menschen 44

Gotteskindschaft und die Liebe zu den Schwachen 47

Vorwort

Es war ein begeistertes Glaubenszeugnis, als der 93-jährige Professor der Theologie Eugen Biser vor etwa 30 Schönstatt-Patres in München eine Stunde lang das zur Sprache brachte, was ihm wichtig ist. Biser legte seine Aktenmappe auf den Tisch. Vielleicht waren Blätter mit Notizen darin, vielleicht sogar ein Manuskript für seinen Vortrag. Aber der Referent kam überhaupt nicht dazu, seine Tasche zu öffnen. Nach einer kurzen Begrüßung erhielt Eugen Biser das Wort. Und dann sprühte er.

So hinfällig des Professors Körper schien, so lebendig war sein Geist. In immer neuen Kehren kam er mehrfach zu seinem Grundanliegen zurück: Das Glaubenszeugnis eines begeisterten Christen gipfelte in der Aussage, die Würde des Menschen habe ihren tiefsten Grund in der Berufung und von Gott geschenkten Fähigkeit, Kind Gottes, Sohn oder Tochter Gottes zu sein, gewirkt durch die Einwohnung Gottes im Heiligen Geist. Der Redner schien nicht müde zu werden, diese zentralen Themen paulinischer Theologie darzustellen. Für die gebannt Zuhörenden war nicht nur spannend, was er sagte, sondern besonders, wie er es sagte.

Nach dem Feuerwerk seiner Rede habe ich ihn gefragt, ob er die Erlaubnis gebe, den auf Tonband aufgenommenen Vortrag in einer Broschüre zu veröffentlichen. Gern stimmte Eugen Biser zu und fügte schmunzelnd bei, sein Honorar für sein Referat solle als Druckkostenzuschuss für das entstehende Büchlein verwendet werden.

Ich danke Eugen Biser für sein Glaubenszeugnis, für seine Begeisterung, für seine Genehmigung und Unterstützung der Publikation und besonders für seinen liebeswerten Kommentar, mit dem er mir seine Korrekturen des Manuskripts zugeschickt hat.

Vallendar, im Herbst 2007

Rudolf Ammann
(Geschäftsführer des Patris Verlags)

Ein Text von Friedrich Nietzsche

Von den drei Verwandlungen

Drei Verwandlungen nenne ich euch des Geistes: wie der Geist zum Kamele wird, und zum Löwen das Kamel, und zum Kinde zuletzt der Löwe.

Vieles Schwere gibt es dem Geiste, dem starken, tragsamen Geiste, dem Ehrfurcht innewohnt: nach dem Schweren und Schwersten verlangt seine Stärke.

Was ist schwer? so fragt der tragsame Geist, so kniet er nieder, dem Kamele gleich, und will gut beladen sein.

Was ist das Schwerste, ihr Helden? so fragt der tragsame Geist, dass ich es auf mich nehme und meiner Stärke froh werde.

Ist es nicht das: sich erniedrigen, um seinem Hochmut wehe zu tun? Seine Torheit leuchten lassen, um seiner Weisheit zu spotten?

Oder ist es das: von unserer Sache scheiden, wenn sie ihren Sieg feiert? Auf hohe Berge steigen, um den Versucher zu versuchen?

Oder ist es das: sich von Eicheln und Gras der Erkenntnis nähren und um der Wahrheit willen an der Seele Hunger leiden?

Oder ist es das: krank sein und die Tröster heimschicken und mit Tauben Freundschaft schließen, die niemals hören, was du willst?

Oder ist es das: in schmutziges Wasser steigen, wenn es das Wasser der Wahrheit ist, und kalte Frösche und heiße Kröten nicht von sich weisen?

Oder ist es das: die lieben, die uns verachten, und dem Gespenste die Hand reichen, wenn es uns fürchten machen will?

Alles dies Schwerste nimmt der tragsame Geist auf sich: dem Kamele gleich, das beladen in die Wüste eilt, also eilt er in seine Wüste.

Aber in der einsamsten Wüste geschieht die zweite Verwandlung: zum Löwen wird hier der Geist, Freiheit will er sich erbeuten und Herr sein in seiner eignen Wüste.

Seinen letzten Herrn sucht er sich hier: feind will er ihm werden und seinem letzten Gotte, um Sieg will er mit dem großen Drachen ringen.

Welches ist der große Drache, den der Geist nicht mehr Herr und Gott heißen mag? „Du-sollst" heißt der große Drache. Aber der Geist des Löwen sagt „Ich will".

„Du-sollst" liegt ihm am Wege, goldfunkelnd, ein Schuppentier, und auf jeder Schuppe glänzt golden „Du sollst!"

Tausendjährige Werte glänzen an diesen Schuppen, und also spricht der mächtigste aller Drachen: „Aller Wert der Dinge – der glänzt an mir."

„Aller Wert ward schon geschaffen, und aller geschaffene Wert - das bin ich. Wahrlich, es soll kein ‚Ich will' mehr geben!" Also spricht der Drache.

„Meine Brüder, wozu bedarf es des Löwen im Geiste? Was genügt nicht das lastbare Tier, das entsagt und ehrfürchtig ist?

Neue Werte schaffen – das vermag auch der Löwe noch nicht; aber Freiheit sich schaffen zu neuem Schaffen – das vermag die Macht des Löwen.

Freiheit sich schaffen und ein heiliges Nein auch vor der Pflicht: dazu, meine Brüder, bedarf es des Löwen.

Recht sich nehmen zu neuen Werten - das ist das furchtbarste Nehmen für einen tragsamen und ehrfürchtigen Geist. Wahrlich, ein Rauben ist es ihm und eines raubenden Tieres Sache.

Als sein Heiligstes liebte er einst das „Du-sollst": nun muss er Wahn und Willkür auch noch im Heiligsten finden, dass er sich Freiheit raube von seiner Liebe: des Löwen bedarf es zu diesem Raube.

Aber sagt, meine Brüder, was vermag noch das Kind, das auch der Löwe nicht vermochte? Was muss der raubende Löwe auch noch zum Kinde werden?

Unschuld ist das Kind und Vergessen, ein Neubeginnen, ein Spiel, ein aus sich rollendes Rad, eine erste Bewegung, ein heiliges Ja-sagen.

Ja, zum Spiele des Schaffens, meine Brüder, bedarf es eines heiligen Ja-sagens: seinen Willen will nun der Geist, seine Welt gewinnt sich der Weltverlorene.

Drei Verwandlungen nannte ich euch des Geistes: wie der Geist zum Kamele ward, und zum Löwen das Kamel, und der Löwe zuletzt zum Kinde." –

Also sprach Zarathustra. Und damals weilte er in der Stadt, welche genannt wird: die bunte Kuh.

(Aus:
Friedrich Nietzsche, Die Reden Zarathustras)

Drei Texte aus dem Neuen Testament

Aus dem Römer-Brief des Apostels Paulus

Wenn der Geist dessen in euch wohnt, der Jesus von den Toten auferweckt hat,
dann wird er, der Christus Jesus von den Toten auferweckt hat,
auch euren sterblichen Leib lebendig machen durch seinen Geist, der in euch wohnt.
Wir sind also nicht dem Fleisch verpflichtet, Brüder,
so dass wir nach dem Fleisch leben müssten.
Wenn ihr nach dem Fleisch lebt, müsst ihr sterben;
wenn ihr aber durch den Geist die (sündigen) Taten des Leibes tötet, werdet ihr leben.
Denn alle, die sich vom Geist Gottes leiten lassen, sind Söhne Gottes.
Denn ihr habt nicht einen Geist empfangen, der euch zu Sklaven macht,
so dass ihr euch immer noch fürchten müsstet,
sondern ihr habt den Geist empfangen, der euch zu Söhnen macht,
den Geist, in dem wir rufen: Abba, Vater!
So bezeugt der Geist selber unserem Geist,
dass wir Kinder Gottes sind.
Sind wir aber Kinder, dann auch Erben;
wir sind Erben Gottes und sind Miterben Christi,
wenn wir mit ihm leiden, um mit ihm auch

verherrlicht zu werden.
Ich bin überzeugt, dass die Leiden der gegenwärtigen Zeit
nichts bedeuten im Vergleich zu der Herrlichkeit,
die an uns offenbar werden soll.
Denn die ganze Schöpfung wartet sehnsüchtig auf das Offenbarwerden der Söhne Gottes.
Die Schöpfung ist der Vergänglichkeit unterworfen,
nicht aus eigenem Willen, sondern durch den, der sie unterworfen hat;
aber zugleich gab er ihr Hoffnung:
Auch die Schöpfung soll von der Sklaverei und Verlorenheit befreit werden
zur Freiheit und Herrlichkeit der Kinder Gottes.
Denn wir wissen, dass die gesamte Schöpfung bis zum heutigen Tag
seufzt und in Geburtswehen liegt.
Aber auch wir, obwohl wir als Erstlingsgabe den Geist haben,
seufzen in unserem Herzen und warten darauf,
dass wir mit der Erlösung unseres Leibes als Söhne offenbar werden.
Denn wir sind gerettet, doch in der Hoffnung.
Hoffnung aber, die man schon erfüllt sieht, ist keine Hoffnung.
Wie kann man auf etwas hoffen, das man sieht?
Hoffen wir aber auf das, was wir nicht sehen,
dann harren wir aus in Geduld.
So nimmt sich auch der Geist unserer Schwachheit an.

Denn wir wissen nicht, worum wir in rechter
Weise beten sollen;
der Geist selber tritt jedoch für uns ein mit
Seufzen,
das wir nicht in Worte fassen können.
Und Gott, der die Herzen erforscht, weiß,
was die Absicht des Geistes ist:
Er tritt so, wie Gott es will, für die Heiligen ein.
Wir wissen, dass Gott bei denen, die ihn lieben,
alles zum Guten führt, bei denen, die nach seinem
ewigen Plan berufen sind;
denn alle, die er im Voraus erkannt hat,
hat er auch im Voraus dazu bestimmt,
an Wesen und Gestalt seines Sohnes teilzuhaben,
damit dieser der Erstgeborene von vielen
Brüdern sei.
Die aber, die er vorausbestimmt hat,
hat er auch berufen,
und die er berufen hat, hat er auch gerecht
gemacht;
die er aber gerecht gemacht hat,
die hat er auch verherrlicht.
(Röm 8,11-30)

Aus dem ersten Korinther-Brief des Apostels Paulus

Durch die Gnade Gottes bin ich
was ich bin;
und sein gnädiges Handeln
ist an mir nicht ohne Wirkung geblieben.
Mehr als sie alle
habe ich mich abgemüht.
Nicht ich,
sondern die Gnade Gottes
zusammen mit mir.“
(1 Kor 15,10)

Aus dem ersten Johannes-Brief

Seht, wie groß die Liebe ist, die der Vater uns geschenkt hat:
Wir heißen Kinder Gottes und wir sind es.
Die Welt erkennt uns nicht, weil sie ihn nicht erkannt hat.
Liebe Brüder, jetzt sind wir Kinder Gottes.
Aber was wir sein werden, ist noch nicht offenbar geworden.
Wir wissen, dass wir ihm ähnlich sein werden,
wenn er offenbar wird;
denn wir werden ihn sehen,
wie er ist.
(1 Jo 3, 1f)

Von der Würde des Menschen: Gotteskindschaft

Wir leben in einer extrem orientierungslosen Zeit. Was wir heute brauchen, ist eine Orientierung. Die Menschen wissen nicht ein und aus. Sie halten sich an das Nächstbeste und gehen in die Irre. Deswegen war es eines meiner zentralen Anliegen, die Spuren der Vorsehung Gottes in unserer Welt zu entdecken und sie zu befragen. Die Frage ist von jedem einzelnen von uns ganz persönlich zu stellen. Wir müssen wissen, wie es mit uns selber weitergeht. Ich denke, Pater Joseph Kentenich hat in der Spiritualität der Schönstatt-Bewegung hier einen ganz wichtigen Akzent gesetzt. Er hat darauf abgehoben, dass jeder in der göttlichen Vorsehung auf eine ganz persönliche Weise aufgehoben ist, dass jeder dort die Antwort auf seine Frage nach Wegweisung findet, die er braucht, um sein Leben sinnvoll für sich selber, für sich persönlich, aber auch für die Gemeinschaft zu gestalten. Das sind die beiden Gesichtspunkte, von denen ich meine, dass wir sie vertiefen sollten.

Zuerst möchte ich etwas über mich selber sagen: Ich komme aus dem Kaiserstuhl. Er liegt in der oberrheinischen Tiefebene, Freiburg ist Ihnen allen bekannt. Dort bin ich aufgewachsen. Dort hat meine Theologie auch ihren Anfang genommen, allerdings eher in einer negativen Weise. Denn in der Zeit meiner Schulbesuche wurden die Schongauer Fresken im Münsterer von Breisach freigelegt. Das Missgeschick brachte es mit sich, dass die Teufelsdarstellungen besser herauskamen als Bilder der musizierenden Engelchöre. Das entsprach dann voll dem Charakter der Zeit. Denn es dauerte nicht lange, da hörte man die grölende Stimme von Hitler, die die Maiandachten gestört haben. Überall hingen die Lautsprecher, und dann kam diese diabolische Stimme, die jedes Gebet und jeden Gesang unmöglich gemacht haben und alles niedergeschrieen hat. Aus der Stimme wurde dann langsam die Katastrophe. Ich bin dann auch ganz persönlich in diese Katastrophe involviert worden. Damals wurde das Priesterseminar von Freiburg aufgehoben und wir wurden nach Fulda verfrachtet. Dort hat der dortige Bezirkskommandeur die ganze Theologenschaft ausgehoben, und wir mussten in den Krieg. Dann hat sich das erfüllt, was ich einmal beim Parteitag 1936 erlebt habe, als wir an Hitler vorbeimarschieren mussten. Damals hat kein Mensch von Krieg gesprochen. Ich kam nach Hause und habe gesagt: „Wir bekommen Krieg. Ich habe genau gesehen, was er gedacht hat: `Wenn ihr wüsstet, was euch bevorsteht!`“ Und so ist es dann auch gekommen. Ich musste dann den Krieg mitmachen bis zu meiner schweren Verwundung im Jahr 1940. Langsam konnte ich dann wieder in die Normalität zurückkehren, aber das sind Dinge, die Sie nicht zu behelligen brauchen. Ich wollte nur sagen: Ich bin ganz persönlich mit der göttlichen Vorsehung konfrontiert worden in diesem Kriegs- und Lazaretterlebnis. Von dort hat auch meine Theologie eine persönliche Gestalt gewonnen. In diesem Zusammenhang kann ich nur noch einmal mit großer Dankbarkeit an P. Kentenich erinnern, der darauf abgehoben hat, dass das Leben eines jeden von der göttlichen Vorsehung persönlich programmiert und vorgesehen ist. Und dass es darauf ankommt, diese Spur im Leben ausfindig zu machen, um ihr nachzuspüren und nachzugehen, soweit das im Vermögen eines Menschen steht.

Zentral-Thema: Die Gotteskindschaft

Aber die Frage, die sich uns stellt, ist jetzt eine noch viel zentralere, denn zu dieser persönlichen Wegweisung gehört selbstverständlich auch die generelle: Was ist denn für uns glaubensgeschichtlich am Wichtigsten? Was muss heute neu ins Bewusstsein gerufen werden? Was droht vergessen zu werden? Und was muss reaktiviert und neu ins Bewusstsein gerufen werden? Das scheinen mir die zentralen Fragen zu sein. Die Antwort ist der Gedanke der Gotteskindschaft. Der Gedanke, der uns nun wirklich heraushebt aus allen Erniedrigungen, aus allen Rückschlägen und uns zum Bewusstsein unserer Sendung und unserer persönlichen Berufung führt.

Aber da steht ein Handicap im Weg: Unter dem Begriff der Kindschaft versteht man eine Infantilisierung des Menschen. Das hängt einfach mit dem Begriff zusammen. Und deswegen hat man dieses Wort von der Gotteskindschaft auch lange Jahre aus dem Verkehr gezogen. Man hat besonders in der Nazizeit auch kirchlicherseits nicht mehr gewagt, von Gotteskindschaft zu sprechen. Denn das schien als unpassend in diesem angeblich heroischen Zeitalter, in dem wir uns bewegten. Aber das war ein ganz gewaltiger Irrtum.

Denn derjenige, der das korrigiert hat, ist zwar auf der einen Seite einer der gehässigsten Feinde des Christentums. Aber weil er als Pfarrerssohn aufgewachsen ist, *Friedrich Nietzsche*, hat er ein theologisches Erbe in sich getragen. Aufgrund dieses Erbes ist ihm deutlich geworden, dass Kindschaft das Gegenteil dessen ist, was wir aufgrund der Sprachsuggestion, die von diesem Wort und diesem Begriff ausgeht, zu verstehen neigen. Denn Kindschaft ist das denkbar Höchste, was von Menschen geschaffen werden kann. Das hat der eben genannte Nietzsche in der Lehre von den drei Verwandlungen auf den Punkt gebracht:

Nietzsche: Die drei Verwandlungen

Der Mensch ist zunächst eine Art Rohstoff, und jetzt muss er zunächst in ein. Kamel verwandelt werden. Das Kamel ist das Symbol eines Menschseins, das Befehle braucht, um wissen zu können, was es zu tun hat. Das ist der fremdbestimmte, der heteronome Mensch.

Aber dabei darf es nicht bleiben, sondern das Kamel muss sich nach Nietzsche in den Löwen verwandeln. Und der Löwe, der ist der autarke, der selbst bestimmte Mensch. Der Löwe ist derjenige, der nicht fremde Gesetze braucht, sondern das Gesetz seines Handelns und Denkens in sich trägt. Der Löwe ist somit die Symbolfigur des autonomen Menschen.

Aber der Löwe muss brüllen, um sein Herrschaftsgebiet abzugrenzen. Deswegen muss auch der Löwe überwunden werden. Und das Höchste, was erreicht werden kann, ist das Kind. Das Kind ist der Inbegriff des selbst bestimmten, des selbstgenügsamen Menschen, des Menschen, der das Gesetz seines Handelns in sich trägt.

Deswegen lassen wir uns von Nietzsche jetzt das Thema unserer Betrachtung und unserer Überlegung vorgeben. Das Thema jetzt heißt tatsächlich „Gotteskindschaft“. Wir haben jetzt keine Schwierigkeiten mehr, in diesem Begriff die Suprematie dessen zu entdecken, was von Menschen gesagt und gedacht werden kann.

Gotteskindschaft bei Paulus

Was hat es mit der Gotteskindschaft letztlich auf sich? Ich muss noch einmal an Pater Kentenich erinnern. Es ist etwas uns ganz persönlich Zugesprochenes, etwas, was wir zwar mit allen, aber auf eine je eigene Weise gesagt bekommen: Wir sind Gottes Kinder in einem ganz exzeptionellen, ganz privaten, ganz persönlich betreffenden Sinn. Das ist der Sinn der Gotteskindschaft.

Nun muss gefragt werden: wie kommen wir denn überhaupt dazu? Wie können wir so etwas denken und sagen? Wir könnten natürlich da nicht vorankommen, wenn es nicht große Helfer gäbe. Einer der größten Helfer, auf den, wie Sie wissen, meine Theologie weitgehend aufgebaut ist, ist der Apostel Paulus. Der Apostel Paulus wird ja von uns immer noch unterschätzt. Nicht zufällig heißt das Fest am 29. Juni „Peter und Paul". Da ist Paul dann in der Defensive, er kommt erst in zweiter Hinsicht. Aber ich bin immer schon dafür gewesen, dass man die Priorität umgekehrt setzen sollte, dass man „Paul und Peter" sagen und feiern müsste.

Was macht denn Paulus so groß? „Ich lebe!", so heißt seine Antwort im Galaterbrief. „Ich lebe; doch nicht ich – Christus lebt in mir."

(Gal 2,20) Das ist die Antwort auf seine immense Lebensleistung. Jetzt muss ich einen Augenblick lang auf diese Lebensleistung des Apostels Paulus reflektieren und die Frage stellen: Was hat er denn eigentlich bewirkt und getan? Darauf gibt er selber Antworten. Diese Antworten stehen eigentlich in allen seinen Briefen. Wenn wir das Lebenswerk des Apostels Paulus anschauen, dann bildetet er sich zwar nicht ein, etwas aus eigener Kompetenz geleistet zu haben, wohl aber, dass er in sich einen Antrieb trägt, der ihn zu dem bewogen und geführt hat, was er leistete. Worin besteht seine Leistung? Nun, wir kennen seine Lebensgeschichte. Er ist durch das Damaskuserlebnis umgepolt worden. Zunächst ein Verfolger der Kirche: Ich bilde mir nicht ein, etwas geleistet zu haben, weil ich die Kirche Gottes verfolgt habe. Aber dann fügt er hinzu – und das wird dann meistens überlesen: „Doch durch die Gnade Gottes bin ich, was ich bin; und sein gnädiges Handeln ist an mir nicht ohne Wirkung geblieben. Mehr als sie alle habe ich mich abgemüht." Ich hätte am liebsten übersetzt: „als alle andern zusammen". „Nicht ich," so fügt er demütig hinzu, „sondern die Gnade Gottes zusammen mit mir." (1 Kor 15,10)

Wenn wir dieses Wort als Wegweiser benutzen, sehen wir, was dieser Mann geleistet hat. Es ist die größte Leistung, die jemals in der Kirchengeschichte erbracht worden ist. Wir sollten in diesem Zusammenhang uns daran erinnern, dass diese Leistung auf zwei Pfaden erfolgte: Auf der einen Seite seine exzeptionelle Missionstätigkeit, auf die ich jetzt gleich noch zurückkommen will. Aber auf der anderen Seite auch seine schriftstellerische Leistung. Wir wüssten ja von ihm kaum etwas, wenn er nicht geschrieben hätte, wenn er das, was er dachte, nicht auch an die Gemeinden in schriftlicher Form herangetragen hätte, wenn er das nicht dokumentiert hätte, was ihn innerlich bewegte. So ist er denn eine Doppelgestalt: Auf der einen Seite der große Missionar, auf der anderen Seite der wegweisende Theologe und Schriftsteller, dem wir Entscheidendes verdanken.

Gotteskindschaft im Licht von Ostern

Wir sind im Vorfeld von Ostern, und wenn man sich fragt, worauf gründet sich unser Osterglaube?, dann könnte es nur heißen: auf das Zeugnis des Apostelsl Paulus im zweiten Korintherbrief. Dort steht es klipp und klar zu lesen, worauf unser Osterglaube sich begründet. Die Antwort ist denkbar klar und durchsichtig. Paulus antwortet mit dem Hinweis auf das, was Jesus getan hat, mit dem Hinweis auf das, was wir ihm zu verdanken haben, mit dem Hinweis auf das, was er ins Werk gesetzt hat, mit dem Hinweis auf das, was er geleistet hat. Aber dann immer wieder der Zusatz: „Nicht ich, sondern die Gnade Gottes zusammen mit mir.“ Die Antwort steht dann zu lesen im ersten Korintherbrief: „Christus ist für unsere Sünden gestorben, gemäß der Schrift, und ist begraben worden. Er ist am dritten Tag auferweckt worden, gemäß der Schrift, und erschien dem Kephas, dann den Zwölf.“ Das ist dann der kardinale Satz: „Danach erschien er mehr als 500 Brüdern zugleich; die meisten von ihnen sind noch am Leben, einige sind entschlafen. Danach erschien er dem Jakobus, dann allen Aposteln. Als letztem von allen erschien er auch mir, dem Unerwarteten, der `Missgeburt′. Denn ich bin der geringste von den Aposteln; ich bin nicht wert, Apostel genannt zu werden, weil ich die Kirche Gottes verfolgt habe. Doch durch die Gnade Gottes bin ich, was ich bin.“ (1 Kor 15,3-10) Das ist sozusagen der Grundtenor seiner ganzen Aussage. Deswegen haben wir hier sein zentrales Osterzeugnis.

Es gibt allerdings noch ein zweites Osterzeugnis. Weil wir jetzt im Vorfeld von Ostern sind, möchte ich auch darauf mit einem Wort noch eingehen. Das ist jetzt überliefert im Johannes-Evangelium: In Gestalt einer Frau, die zunächst ähnlich begonnen hat wie Paulus, allerdings nicht als eine Feindin des Christentums, sondern als eine Besessene: Maria von Magdala. Aus ihr hat Jesus nach dem Lukas-Evangelium sieben Dämonen ausgetrieben. Es war ein wahres Teufelsweib. Aus diesem Teufelsweib hat die Gnade Gottes ein wunderbares Instrument gemacht, nämlich die zweite Osterzeugin. Sie tritt ja im Evangelium dann auch immer deutlicher zutage. Sie ist zweifellos die Frau, die Jesus die Totensalbung ausgerichtet hat. Kurze Zeit vor dem Abendmahl versammelt er seine Jünger. Da kommt diese Frau und benetzt seine Füße mit ihren Tränen und salbt sie. Jesus versteht diese Salbung als eine Totensalbung. Alles, was im Evangelium zu lesen sein wird, wird davon Kunde geben; und tatsächlich: Jeder Evangelist bezeugt dieses Ereignis. Damit beginnt die aktive Rolle der Maria von Magdala im Leben Jesu. Und dann begegnet sie uns wieder am leeren Grab. Sie kommt ans Grab Jesu. Sie hat den Chor der Klagefrauen angeführt. Auf dem Kreuzweg Jesu hat sie aus der Ferne dem Tode Jesu beigewohnt. Jetzt kommt sie, von der Liebe zu ihrem Meister getrieben, ans Grab. Und zu ihrem Schrecken sieht sie: Das Grab ist leer. Sie ist entsetzt. Aber da ist ein seltsam Rätselhafter, der sie fragt: „Frau, warum weinst du? Wen suchst du?“ Da sagt sie: „Herr, wenn du ihn weggebracht hast, sag mir, wohin du ihn gelegt hast. Dann will ich ihn holen.“ (Jo 20,15) Dann sagt dieser eigenartige Fremde ein einziges Wort: „Maria!“ (Jo 20,16) Das heißt: „Ich habe dich beim Namen gerufen, du bist mein.“ Damit ändert sich die Szene von Grund auf. Jetzt stürzt sie ihm zu Füßen. Aber der Erscheinende antwortet: „Halte mich nicht fest.“ Und das heißt so viel wie: Halte mich nicht auf. „Denn ich bin noch nicht zum Vater hinaufgegangen. Geh aber zu meinen Brüdern und sag ihnen: Ich gehe hinauf zu meinem Vater und zu eurem Vater, zu meinem Gott und eurem Gott.“ (Jo 20,17) Maria gehorcht und erfüllt diesen Wunsch des ihr erscheinenden Christus.

Das sind die beiden Gestalten, auf denen unser Osterglaube gründet, und deswegen sollte man bei dem einen, bei Paulus, Maria von Magdala nicht vergessen, aber auch bei ihr den Paulus nicht vergessen, zu dem wir jetzt entscheidend zurückkehren.

Paulus als Missionar

Was hat Paulus geleistet? Das war die Frage, mit der wir uns vorhin von ihm verabschiedet haben. Diese Frage ist natürlich die Frage nach seiner exzeptionellen Lebensleistung. Paulus hat, wie ich vorhin schon angedeutet habe, nach seinem eigenen Zeugnis mehr geleistet als alle anderen zusammen, und das ist alles andere als eine Übertreibung, eher das Gegenteil. Paulus ist der eigentliche Held, der eigentliche Heroe des Christentums. Wenn man sich dann noch überlegt, was er dem Christentum gebracht hat: Zunächst einmal die Reisen in die nähere Umgebung von Damaskus, die nicht besonders ergiebig waren. Aber dann die großen Reisen, eine nach der andern mit Einschluss der Reise nach Galatien, mit Einschluss der Reise nach Griechenland, mit Einschluss der letzten Reise nach Rom, von der wir allerdings nur eine undeutliche Vorstellung haben. Dann geht der Horizont des Apostels sogar noch weiter: Er will noch in die Westhälfte des römischen Reiches. Aber dazu kommt es nicht mehr. Vorher wird er zum Märtyrer Jesu Christi, der sein Lebenswerk mit der Märtyrerkrone krönt.

Das ist in ganz kurzen Strichen skizziert das Lebenswerk des Apostels Paulus. Wir haben diesen kurzen Angaben entnehmen können, dass das Christentum niemals zu uns gekommen wäre, wenigstens nicht in der uns bekannten Form, wenn es den Apostel Paulus nicht gegeben hätte. Er hat den Sprung von Kleinasien nach Europa vollzogen. Er hat dann auch das Christentum in Europa verankert. Das europäische Christentum ist ein spezifisches Werk des Apostels Paulus. Deswegen habe ich auch vorhin dafür plädiert, dass wir nicht „Peter und Paul“ sondern „Paul und Peter“ sagen sollten, weil wir ihm unsere christliche Existenz zu verdanken haben. Paulus ist nicht müde geworden, überall, wo er war, das Evangelium zu verkünden. Aber das hat er mit einer sozusagen stellvertretenden Weise getan. Er ist davon ausgegangen, dass überall dort, wo er tätig gewesen war, das Christentum substanziell verankert worden ist. Er hat natürlich nicht alle Gemeinden besucht, die dann später in Folge seiner Tätigkeit christianisiert worden sind. Das war nicht möglich. Er hat über jeder Provinz, die er bereiste, den Namen Christi ausgerufen und dadurch diese Provinz für Christus in Beschlag genommen. Das ist die Leistung des Apostels Paulus.

So hat er denn den Radius des Christentums zunächst einmal über Kleinasien ausgedehnt und dann schließlich den Sprung nach Europa gemacht. Dort hat noch einmal eine Frau eingegriffen. Es ist die Lydia von Thyatira. Wenn ich diesen Namen nenne, dann fällt Ihnen ja eine Szene aus der Apokalypse auf. Denn ausgerechnet dort wird eine Frau namens Jezabel nach Thyatira geschickt. Aber in einer völlig negativen Beleuchtung. Schon der Namen Jezabel ist der Name einer apokalyptische Gegen-Figur. Von ihr wird gesagt, dass sie aufs Krankenlager geworfen wird, damit sie sich endlich bekehrt. Was hat sie denn unrecht getan? Sie hat die Menschen zum Verzehr von Götzenopferfleisch verführt. Wenn man diese Szene aus der Apokalypse einmal kritisch liest, wird man entdecken, das kann ja niemand anderes gewesen sein als die Lydia von Thyatira, die Paulus in Europa als erste Frau aufgenommen hatte, die dann als Purpurhändlerin zurückging in ihre Heimatstadt in Kleinasien in Thyatira und dort natürlich christianisiert hat. Die Apokalypse ist ein extrem judenchristliches Werk. Deswegen wird alles bis auf den Namen in eine negative Beleuchtung gezerrt. Dann erfahren wir, dass da eine Jezabel auftaucht, die die Menschen zum Verzehr von Götzenopferfleisch verführt. Aber das ist natürlich nichts anderes als ein indirektes Zitat des Korintherbriefes. Dort wird den Christen frei gestellt, ob sie Götzenopferfleisch essen. Wenn das Gewissen ihnen die Erlaubnis gibt, haben sie das Recht dazu. Diese freiheitliche Botschaft hat die Lydia in ihrer Heimatstadt Thyatira vertreten. Deswegen wird sie in der Apokalypse derartig massiv abqualifiziert. Denn die Apokalypse ist bei allen Schönheiten, die wir nicht übersehen sollten, ein extrem judenchristlich orientiertes Buch, das nicht umsonst mit 300jähriger Verspätung in den Kanon der biblischen Schriften aufgenommen worden ist.

Paulus als Theologe

Aber jetzt zurück zu unserem großen Thema. Es ist das Thema der Gotteskindschaft. Gotteskindschaft, etwas, das uns ganz persönlich betreffen muss; Gotteskindschaft, etwas, was zu dem Äußersten, Schönsten, Bedeutungsvollsten und Hilfreichsten gehört, was wir entdecken können.

Gotteskindschaft und die Nähe Gottes

Sie erinnern sich an meine Ausführungen von vorhin, wo ich Ihnen am Leitfaden Nietzsches deutlich gemacht habe: Es ist der höchste Begriff, der vom Menschen überhaupt möglich ist. Vom Menschen kann nichts Schöneres, nichts Hilfreicheres, nichts Gewaltigeres gesagt werden, als dass er ein Kind Gottes ist. Gotteskindschaft heißt: in ein extremes Nahverhältnis zu Gott und zu Jesus Christus aufgenommen zu werden.

Wenn ich jetzt den Namen Jesu nenne, können wir nicht einen ganzen Schritt weitergehen. Worin besteht denn dann eigentlich die Gotteskindschaft? Die Antwort kann nur heißen: in der an uns weitergegebenen Gottessohnschaft Jesu. Das ist die exakte Definition der Gotteskindschaft. Gotteskindschaft ist nicht nur ein schöner, klingender Titel, sondern eine substantielle Bereicherung und Herzenserhörung des Menschen. Gotteskindschaft ist die Verwandlung unserer vielfältigen Existenz in den fortlebenden Christus. Bei Paulus wird ja Ostern oft geradezu vorweg genommen. Wir sind jetzt schon dort, wo wir endzeitlich hingehören. Das nimmt seinen Anfang in der Gotteskindschaft. Die Gotteskindschaft ist es, um es noch mal mit dem vorhin gebrauchten Ausdruck zu sagen: die an uns weitergegebene, uns geschenkte, uns durchdringende, uns bereichernde, uns erhebende Gottessohnschaft. Daran sollten wir uns orientieren.

Wenn wir das tun, dann bekommt die Gotteskindschaft für uns ein wunderbares Gesicht. Wir sind als Menschen hinfällig und verführbar. Das ist nun einmal eine bittere Tatsache. Aber die Gotteskindschaft schenkt uns eine neue Seinsweise, in der wir ungeachtet unserer Hinfälligkeit durchdrungen sind von der Gegenwart Christi.

Gotteskindschaft und die Einwohnung Gottes

Damit berühre ich auch schon den Zentralgedanken. Das ist der Gedanke von der Einwohnung Christi im Herzen. Es ist hochinteressant zu beobachten, dass dieser Gedanke in völlige Vergessenheit geraten war, und zwar durch den Siegeszug der Neuscholastik. Die Einwohnung Christi ist ja eigentlich gestorben in der Auseinandersetzung mit einem großen, allerdings unglücklichen Theologen Martin Deutinger (1815-1864). Martin Deutinger, der in München Philosophie gelehrt hat, ist ja dann vollkommen ausmanövriert worden durch den Siegeszug der Neuscholastik. Die Neuscholastik hat von dem, was ich Ihnen jetzt zu sagen habe, nichts mehr wissen wollen. Sie sah den Menschen in einer zu subalternen Abhängigkeit von Gott. Sie hat nicht mehr gewusst, was eigentlich im Zentrum des Christentums steht und worauf ich nachher noch mal deutlicher eingehen möchte.

Es gab allerdings einen großen Münchner Theologen, den ich in diesem Zusammenhang nicht unerwähnt lassen möchte. Das ist Gottlieb Söhngen (1892-1971). Er hat ein Buch geschrieben und in diesem Buch dafür plädiert, dass der zu Unrecht und zum Unglück der Christenheit in Vergessenheit geratene Begriff der Gotteskindschaft neu entdeckt und neu ins Bewusstsein gerufen werden müsse. Und Söhngen hat mit Nachdruck dafür plädiert, dass dieser Begriff nun endlich neu entdeckt und ins Zentrum einer modernen Spiritualität gerückt werden müsse.

Damit berühre ich ja auch eines Ihrer zentralen Interessen: Sie wollen eine Spiritualität entfalten, die auf der einen Seite so noch nicht da gewesen ist, aber auf der anderen Seite ganz mit dem Evangelium konform ist. Es gibt keinen großartigeren Gedanken, der in diesem Zusammenhang genannt werden könnte als der Gedanke der Gotteskindschaft. Gotteskindschaft ist der Suprematsbegriff des Christentums. Er muss unter allen Umständen neu reaktiviert, neu ins Bewusstsein gerufen werden. Ich denke, das hätte Pater Kentenich genauso gesagt, wie ich es jetzt ausgesprochen habe. Damit berühre ich zum dritten Mal seine Fußspur.

Deswegen sollten wir uns jetzt noch einmal Gedanken machen über das, was Gotteskindschaft uns zu sagen hat. Die Antwort habe ich schon vorweggenommen. Der zentrale Gedanke ist der Gedanke der Einwohnung Christi. Wir sind von Haus aus auf verlorenem Posten. Wir sind verführbar, wir sind schwach, wir sind versuchlich. Deswegen sind wir in dieser Hinsicht auf Hilfe angewiesen. Aber diese Hilfe ist uns gegeben, und zwar auf eine denkbar wunderbare und nicht überbietbare Weise. Sie ist uns ins Innerste hineingelegt, ins Herz, durch die Gottessohnschaft Jesu. Den zentralen Satz habe ich vorhin schon zitiert: „Ich lebe“, so sagt Paulus in Gal 2,20. „Doch nicht ich, Christus lebt in mir.“ Er ist derjenige, der unser Herz mit neuem Inhalt erfüllt und der diesem Herzen den entscheidenden Impuls gibt, der oft notwendig ist, um Christ zu sein und andere für das Christentum zu bewegen.

Damit berühre ich einen zweiten Gedanken, der mir sehr am Herzen liegt und, wie ich weiß, auch Ihnen. Denn Sie wollen das alles ja nicht nur im Interesse persönlicher Erfahrung über sich ergehen lassen, sondern Sie wollen das auch an andere weitergeben. Sie wollen damit im besten Sinne des Wortes missionieren. Und missionieren heißt ja eigentlich gar nichts anderes, als andere auf die von uns als richtig erkannte Spur des Lebens versetzen und anderen zu zeigen, dass sie nicht glücklicher werden können, als wenn sie dieser Fußspur folgen.

Als Nächstes noch einmal die Frage: Was ist diese Gotteskindschaft? Ich wiederhole zum dritten Mal: Sie ist die an uns übereignete, an uns weitergegebene Gottessohnschaft Jesu. Wir wären verloren, wenn es dieses Geheimnis nicht gäbe. Wir würden unserer Versuchlichkeit erliegen, wenn es nicht diese Hilfe für uns gäbe. Aber es gibt sie. Und sie ist großartiger und invasiver, als man es jemals erwarten könnte. Denn sie ist in unser Herz hinein gesenkt. Deswegen noch einmal die Bitte an Sie alle, sich diesen Gedanken zu eigen zu machen: Wir sind von Christus durchdrungen, wir sind von Christus erfüllt. Die Gedanken Jesu sollen unsere Gedanken werden. Die Entscheidungen Jesu sollen zu unseren Entscheidungen werden. Das ist die Aufgabe der Gotteskindschaft.

Wenn man sich das einmal vergegenwärtigt, dann wird man seines Lebens auf neue Weise froh; dann weiß man, wofür man da ist; dann weiß man, welche Aufgabe man in diesem Leben hat. Aber bevor man die Aufgabe ins Visier nimmt, muss zunächst einmal dieses unbeschreibliche Glück ausgekostet werden, dass wir Kinder Gottes nicht nur heißen, sondern sind. Damit zitiere ich ja eine Stelle aus dem 1. Johannesbrief: „Seht, wie groß die Liebe ist, die der Vater uns geschenkt hat: Wir heißen Kinder Gottes, und wir sind es." (1 Jo 3,1) Es ist nicht nur eine Etikettierung, es ist eine Wesensverwandlung, es ist etwas Invasives, in uns Eindringendes und von innen her uns Ergreifendes und Durchglühendes, das uns verwandeln will. Deswegen muss das zunächst einmal realisiert werden. Wir müssen dieses unbeschreibliche Glück ins uns neu entdecken und aus diesem Glück zu leben suchen. Es gibt vieles, was uns an unsere Hinfälligkeit erinnert. Ich habe das nie verschwiegen. Aber das alles wird überstrahlt durch das Glück, Kinder Gottes nicht nur zu heißen, sondern zu sein.

Deswegen müssen Sie das auch immer wieder zum Gegenstand Ihrer Meditationen erheben. Denn diese Dinge sind uns nicht von Natur aus gegeben, die müssen wir uns aneignen, die müssen wir als ein ganz persönliches Privileg begreifen lernen, das uns gegeben und übereignet ist. Dann erst können wir den Versuch machen, daraus zu leben.

Gotteskindschaft als beglückende Botschaft

Aber dann die Aufgabe: Wenn dieser Versuch erfolgreich war, dann müssen wir das an andere weitergeben. Denn im Christentum gibt es nichts, was man nur für sich selbst besitzt. Das ist ein absoluter Grundsatz. Sondern alles, was uns beglückt, muss auch andere beglücken, muss an andere übereignet und weitergegeben werden. Erst dann bekommt das Ganze Gesicht und Halt. Erst dann ist unsere Lebensaufgabe gelöst. Ich bin sehr erfreut, von meinem Fahrer erfahren zu haben, dass Sie hier manche Monate zubringen, um junge Menschen in Ihre Gesinnung, in Ihre Haltung einzuführen und junge Menschen mit Ihrem Glück zu bereichern. Dazu kann ich Ihnen nur den Segen Gottes erbitten. Denn das ist wirklich eine zentrale und unabdingbare Aufgabe. Im Christentum gibt es keinen Privatbesitz. Alles, was wir haben, gehört tendenziell auch anderen, gehört tendenziell sogar allen. Deswegen müssen wir den Versuch machen, das an andere weiterzugeben. Das ist in unserer Welt alles andere als einfach, und zwar deswegen, weil diese Welt von all dem nichts ahnt und weiß.

Deswegen muss ich immer wieder auch auf die politischen Gegebenheiten Bezug nehmen. Sie bestehen vor allen Dingen in dem, was ja gerade in diesen Tagen ins Bewusstsein gehoben werden muss: dass wir uns endlich des europäischen Zusammenschlusses bewusst werden und seiner Bedeutung. Diesen Zusammenschluss gäbe es nicht, wenn es nicht das Christentum gäbe. Eine islamische Welt wäre zu so etwas nicht fähig. Sie dürfen nur in den Irak hineinschauen, in den Streit zwischen Schiiten und Sunniten, der nicht aufhören will. Wir können nur den Versuch machen, in diese wirklich perniziöse Situation nach besten Kräften einzugreifen. Das heißt: Wir müssen den Versuch machen – ich sage das einmal ungeschützt –, die Muslime auf unseren Bewusstseinsstand emporzuziehen. Denn gemessen an uns ist der Islam 600 Jahre zu jung. Wenn wir zurückschauen in unsere eigene Kirchengeschichte, dann entdecken wir, was für Verhältnisse wir vor 600 Jahren gehabt haben. Das waren zum Teil martialische Verhältnisse. Dann kam der 30-jährige Krieg. Das alles haben wir schon einmal durchgemacht. Das sollte für uns Ansporn sein, dem Islam die Erfahrung zu ersparen, das noch einmal in aller Bitterkeit durchstehen zu müssen, was wir in unserer Geschichte erlebt haben. Wir müssten unseren Vorsprung, den wir nun einmal durch göttliche Fügung haben, nutzen, um auch dem Islam dazu zu verhelfen. Wie, das ist eine der großen Fragen unserer Zeit.

Aber jetzt noch einmal zurück zu unserer Überlegung, auch andere in unser Glück einzubeziehen. Glück ist ansteckend. Ein freudiger Mensch, das hat Franz von Sales schon erkannt, wirkt suggestiver als alle Drohungen und alle Direktiven. Ein freudiger Mensch ist eine lebendige Suggestion. Deswegen möchte ich all denen von Ihnen, die sie in diesem Zusammenhang einsetzen, das ans Herz legen, was ich schon einleitend angedeutet habe und jetzt noch einmal unterstreiche: Wir müssen das, was uns erfüllt, auch ausstrahlen. Das ist die eigentliche Mission und Aufgabe, die wir haben. Wir müssen unseren Besitz zum Besitz aller werden lassen. Wir können das am besten auf dem Weg der Suggestion. Von uns müsste ein Impuls ausgehen, der den anderen, mit denen wir es zu tun haben und die es mit uns zu tun haben, zeigt: *Das* ist der Weg. So geht es weiter. So kann die Menschheit aufatmen. So kann geholfen werden.

Wenn das im Hintergrund steckt, dann werden uns auch die richtigen Worte geschenkt, in denen wir das umsetzen und zum Ausdruck bringen können. Diese Worte sind keine Selbstverständlichkeit. Sie können aber uns nicht fehlen, wenn wir von dieser Wirklichkeit überzeugt sind. Lesen Sie die Paulusbriefe! Das ist ein Mann, der nun wirklich vom Gedanken der Gotteskindschaft vollkommen durchdrungen ist. Ich zitiere jetzt zum letzten Mal: „Nicht mehr ich lebe, sondern Christus lebt in mir.“ (Gal 2,20) Das ist der Kompass seines Lebens. Weil das seine Lebensdirektive ist, deswegen sind ihm auch die richtigen Worte gekommen. Wenn Sie einmal in seine Briefe hineinschauen, da ist ja vieles für den Hausgebrauch gedacht, Anweisungen fürs praktische Leben, Anweisungen an seine Missionare, die ihm behilflich sind, aber dann zwischendrin gibt es jene großartigen Sätze, die man nicht oft genug meditieren kann wie beispielsweise den Text im Römer-Brief: „Wenn Gott für uns ist, wer ist dann gegen uns? Er hat seinen eigenen Sohn nicht verschont, sondern ihn für uns alle hingegeben – wie sollte er uns mit ihm nicht alles schenken?“ (Röm 8,31f.) Und dann: „Was kann uns scheiden von der Liebe Christi? Bedrängnis oder Not oder Verfolgung, Hunger oder Kälte, Gefahr oder Schwert?... Denn ich bin gewiss: Weder Tod noch Leben, weder Engel noch Mächte, weder Gegenwärtiges noch Zukünftiges, weder Gewalten der Höhe oder Tiefe noch irgendeine andere Kreatur können uns scheiden von der Liebe Gottes, die in Christus Jesus ist, unserem Herrn.“ (Röm 8,35-39)

Gotteskindschaft und die Würde des Menschen

Das sind Aussagen von einer Strahlkraft, die es in der ganzen Welt so nicht mehr gibt. In Paulus spricht ja zum ersten Mal ein zum Vollbewusstsein seiner Persönlichkeit gelangter Mensch. Das hat es in der Antike vor ihm nicht gegeben. Die Antike hatte kein elaboriertes Personenbewusstsein. In der Antike war man nur Exemplar, nicht Person. Ein Exemplar kann ausgetauscht werden. Ein Exemplar, das gibt es in vielen Ablichtungen. Eine Person ist etwas Einmaliges, Einzigartiges, Unwiederholbares, Unerhörtes. Paulus hat zweifellos den Menschen neu entdeckt. In der Antike gab es nur ein Menschenbild ohne persönlichen Zuschnitt, ohne persönliche Spitzen. Paulus hat dem Menschen eine Seele eingehaucht. Paulus hat den Menschen in seiner personalen Qualifikation, in seiner personalen Identität entdeckt und auf den Punk gebracht und deswegen steckt in Paulus noch eine ganze Menge von Reichtümern, die noch nicht freigesetzt worden sind. Aus dieser Überzeugung spricht Paulus zu uns. Er spricht zu uns als erste christliche Person. Das ist etwas, das neu entdeckt werden muss. Denn wir nehmen das immer so hin, wie wenn das eine Selbstverständlichkeit wäre. Doch das sind Innovationen, unerhörte Dinge, die so vorher noch nie gesagt worden sind, weil sie nicht gesagt werden konnten, weil es dieses Vokabular noch gar nicht gegeben hat. Deswegen müssen wir bei Paulus in die Schule gehen. Paulus ist der große Initiator und Wegbereiter des christlichen Bewusstseins. Das war vorher in dieser elaborierten Form nicht vorhanden. Durch ihn ist dieses christliche Bewusstsein zum ersten Mal strukturiert und aus der Taufe gehoben worden. Das ist der innovative und überraschende Grundgedanke in der Lektüre der Paulus-Briefe.

Wir tun immer so, wenn wir die Paulusbriefe aufschlagen, als sei das alles, was wir da lesen, auf der Bahn von vorgegebenen, eingeschliffenen Wegen gesagt. Das ist nicht der Fall. Hier wird Pionierarbeit geleistet. Hier wird etwas Neues ins Werk gesetzt, was es vorher in der antiken Welt nicht gegeben hat. Dort gab es, wie vorhin gesagt, nur das Exemplar. Jetzt erwacht die Person. Sie erwacht in keinem wirkmächtiger und in keinem stärker und überzeugender als in der Gestalt des Apostels Paulus. Paulus ist der große Wegbereiter. Ich bin sogar überzeugt, dass wir am Anfang einer Entdeckung stehen, von der ich allerdings noch nicht so richtig zu sprechen wage, nämlich, dass Paulus noch in einer ganz anderen Weise „ausgebeutet“ werden müsste als ich je her getan habe: Also der ganzen Komplex der Gotteskindschaft, der ist ja noch viel, viel reicher, als ich es auch nur andeuten konnte. Auch sein Zeitverständnis, sein Verständnis von Geschichte, von der Wechselwirkung von Gott und Geschichte. Nicht nur hinsichtlich dessen, was er gesagt hat, sondern hinsichtlich dessen, was er sagen könnte und noch nicht gesagt hat, was man also erst noch bei ihm herausfinden muss. Aber das lassen wir auf sich beruhen, denn das ist Zukunftsmusik.

Aber jetzt noch einmal zurück zu meinem Hauptanliegen: Wir müssen das, was uns erfüllt, an andere weitergeben, wir müssen andere für das begeistern, was wir als das Glück unsres Lebens entdeckt haben. Wir müssen dafür sorgen, dass wir nicht die Einzigen sind, die Privilegierten, sondern dass wir Pioniere sind auf dem Weg, den der große Pionier Paulus uns gewiesen hat. Dann sind wir auf dem richtigen Weg. Ich möchte Sie bitten, das ein wenig zu reflektieren, was ich grade gesagt habe. Ich denke, dann sieht jeder, was er an seiner Stelle beitragen könnte. Und das ist ganz gewiss nicht wenig. Denn ich will noch einmal erinnern an unsere Situation. Sie ist in vieler Hinsicht begünstigt – da gibt es gar keine Frage – in regionaler, in wirtschaftlicher und politischer Hinsicht. Wenige hundert Kilometer von uns entfernt bringen sich Menschen täglich in den Tod. Das ist natürlich eine Situation, die nicht tragisch genug vor Augen gestellt werden kann. Wir sollten den Versuch machen, unsere Lebensform derartig auszuchristianisieren, dass sie über all diese Vorbehalte und Grenzen hinweg ausstrahlt und dass sie andern als Wegweisung vor Augen steht, so wir sie selbst als unsere Wegweisung begriffen haben. Wenn wir das tun, haben wir begriffen. Wenn wir das tun, bleiben wir mit unserem Glauben nicht allein.

Gotteskindschaft und die Liebe zu den Schwachen

Damit will ich schließen: Wenn es das Christentum nicht gäbe, wäre unsere Welt kälter. Durch das Christentum ist Wärme in unsere Welt eingezogen. Das ist übrigens der entscheidende Grund, weswegen das Christentum, das 300 Jahre lang martialisch verfolgt worden ist, diese Verfolgungszeit überstanden und überwunden hat. Nicht nur das Beispiel der Märtyrer, so groß und wunderbar es ist, ist das allein Entscheidende, sondern die Wärme, die vom Christentum ausgegangen ist. Die hat die Menschen beeindruckt und überzeugt.

In der Antike herrschte eine Kältewelle. Man muss es in dieser Härte sagen, um den Fakten zu entsprechen. In der Antike gab es keine Versorgung von Notleidenden. In der Antike gab es keine Hilfe für Witwen und Waisen. Tragischerweise ist ein Papyrusbrief ans Licht gekommen, den ein Söldner, also ein Legionär, an seine Frau geschrieben hat. Der hat sich im Sand der Wüste erhalten bis auf den heutigen Tag. Und da heißt es: „Ich höre, du bekommst ein Kind. Ist es ein Junge, dann ziehe ihn auf. Ist es ein Mädchen, dann setze es aus.“ Hier ist der Vater mit dem eigenen Kind absolut barbarisch umgegangen. Das ist ein Beispiel für viele. Es gab keine Krankenbetreuung. Die kannte man nicht. Erst dadurch, dass die Christen viele Kranken in ihren Reihen entdeckten, darunter auch solche, die aus den Familien stammten, bei denen ein Martyrium vorkam und plötzlich der Vater oder die Mutter fehlte, ist die Gemeinde eingesprungen und hat dann die Notleidenden versorgt und die Pflege der Kranken übernommen. Etwas Derartiges kannte die Antike nicht. Wer krank war, hatte eben Pech gehabt. Er musste sterben. Manche haben da auch nachgeholfen, um sich den Tod zu erleichtern. Im Christentum war die Versorgung der Kranken eine elementare Verpflichtung. Das ist die Wärme, die ich meine, die durch das Christentum in die antike Welt hineingekommen ist. Dahinter steht die Wertschätzung der Persönlichkeit. Das alles kannte die Antike nicht, weil ihr der Begriff gefehlt hat, weil sie von Person und Personenwürde nichts wusste. Aber diese Würde wurde nun entdeckt und wurde kultiviert und wurde dann zum Gegenstand des sozialen Engagements.

Von uns müsste Wärme ausgehen. Dann sind wir auf dem richtigen Weg. Ein größeres Geschenk können wir den Menschen nicht machen, als ihnen unsere Liebe und Wärme zu schenken. Eine ganz zentrale Bedeutung hat Maria bei der Neuwerdung der Kirche heute. Maria ist zweifellos die große Hoffnungsfigur des Christentums. Maria muss in dieser Qualität neu entdeckt werden, das sage ich auch für mich ganz persönlich. Maria ist diejenige, die uns in einer bisher noch nicht voll wahrgenommenen Weise das Heil gebracht hat. Maria muss deswegen in unsere Frömmigkeit zurückkehren. Von ihr muss eine grundlegende Innovation unseres ganzen Denkens ausgehen. So wie sie selbst ihr ganzes Denken in das Licht ihres Sohnes gestellt hat, so ist ihr Licht für uns wegweisend für das, was sie uns an Jesus erschließt und zu sagen hat.

In der Reihe
„Spirituelle Lebensimpulse“
sind schon erschienen:

Herbert King

Maria neu entdecken

Diese Publikation richtet sich an alle, denen die Beachtung der Gottesmutter Maria ein Anliegen ist und die gleichzeitig Schwierigkeiten damit haben, denen es wichtig ist, dass Maria zu dem passt, was sie an moderner Theologie, Anthropologie, Psychologie und vor allem als Lebensgefühl in sich tragen.

144 S.; kt.; ISBN 978-3-87620-284-6

Rudolf Ammann

Im Aufwind der Geschichte

Das babylonische Exil, ein Hoffnungszeichen auch für Christen

Die großen Veränderungen, die die Juden auf ihrem Weg ins Babylonische Exil erlebt haben, können die Deutungsfolie sein für aktuelle Vorgänge, in denen sich das Christentum heute vorfindet. Der positive Umgang Israels mit seiner Diaspora damals soll Mut machen, mit der Diaspora, in der Christen leben, konstruktiv umgehen zu lernen.

Die Diaspora als Chance: In der Diaspora zu leben bedeutet einerseits, unter Anders-Denkenden zu leben. Andererseits fordert die Diaspora-Situation heraus, das Eigene profilierter zu formulieren und zu vertreten, ohne es fundamentalistisch andern aufdrängen zu wollen. Konkret könnte dies für die Christen bedeuten, das, was zuinnerst zum Christlichen gehört, herauszuarbeiten, zur Sprache zu bringen und zu bezeugen.

125 S.; kt.; ISBN 3-87620-278-7

Roswitha Dockendorff

Wunden, die zum Leben führen

Seelische Verwundungen gehören zum Menschsein. An vielen Beispielen belegt dies die Autorin, die Psychoanalytikerin ist. Wenn wir lernen, mit Wunden umzugehen, können sie uns helfen, eine neue Sensibilität für uns und andere zu entwickeln und uns lebendiger zu fühlen.

116 S.; kt.; ISBN 978-3-87620-285-3

Elli Schmieg / Klaus Krenz

Stadtgespräche

Mit einem Beitrag von Bischof Dr. Franz-Josef Bode, Osnabrück

In der City einer deutschen Großstadt kommen Menschen ins Gespräch. Viele suchen nach Sinn, nach dem Geheimnis, nach dem, was hinter allem ist. Diese Suche entspringt einer verborgenen, oft unbewussten Sehnsucht nach Gott. Manche finden zum Glauben an Jesus Christus und lassen sich taufen. Eine City-Seelsorgerin erzählt von neuen Wegen, die Christen mit ihrem Glaubenszeugnis gehen. Und sie macht Hoffnung.
Und Häftlinge berichten von ihrer Beziehung zu Gott und ihrem Weg zu ihm.
Bischof Franz-Josef Bode, Osnabrück, liefert den theologischen Rahmen für die Berichte.

80 S.; kt.; ISBN 978-3-87620-296-9

Joseph Kentenich

Kindsein vor Gott

Exerzitien für Priester

(bearbeitet von Günther Maria Boll und Lothar Penners)

Ursprünglich für Priester gehalten, stellt dieser Exerzitienkurs Pater Kentenichs einen reichen Pool spiritueller Anregungen für alle Glaubenden und Suchenden dar. Die Zuordnung des Kindes zu Mutter und Vater wird zum Leben prägenden Modell für die menschliche Beziehung zu Gott, der Mutter und Vater in einem ist. Was im Kind allerdings unreif und unverantwortet ist, will im Erwachsenen verantwortet und reif vollzogen werden: das glaubende Vertrauen auf Gottes Liebe, in deren Licht die Kleinen groß werden sollen.

534 S., kt., ISBN 978-3-87620-060-6

Joseph Kentenich

Vollkommene Lebensfreude

Priesterexerzitien

(bearbeitet von Michal Johannes Marmann und Georg Maria Ritter)

Lebensfreude ist das Wunschziel des Menschen. Jeder lebt, will leben B aber der Zweifel scheint tief zu sitzen, ob es richtiges, volles, zukunftsträchtiges Leben ist. Vorliegendes Buch enthält die Vorträge eines Exerzitienkurses für Priester, den Pater Kentenich 1934 gehalten hat. Er ermutigt dazu, dem Leben zu trauen, das Gott uns Menschen schenkt und zur Fülle führen möchte.

476 S., kt., ISBN 978-3-87620-096-5